Klaus Peter Fuglsang-Petersen

Die Gottesbilder großer Denker

Schutz vor religiösem Fanatismus

1

**Bibliographische Informationen der
Deutschen Nationalbibliothek**
Die Deutsche Nationalbibliothek ver-
zeichnet diese Publikation in der deutschen Nationalbibliothek; detaillierte
bibliographische Daten sind im Internet
über http://dnb.d-nb.de abrufbar.

© 2017 Klaus Peter Fuglsang-Petersen
Herstellung und Verlag: BoD - Books on
Demand, Norderstedt
ISBN: 9783746033648

Inhalt

Seite

Einleitung   9

1. Vom Altertum bis zur Mys-   13
tik

Xenophanes (570 - 480) - Der
eine Gott ist Alles   13

Platon (427 - 347) - Gott ist die
Idee des Guten   15

Aristoteles (384 - 323) - Gott
ist das Streben der Welt   18

Epikur (341 - 270) - Götter
leben in den Vorstellungen der
Menschen   20

Zenon (332 - 262) - Götter sind
die Gesetzlichkeit der Welt   22

Jesus (0 - 30) - Gott ist Liebe   24

Plotin (206 - 270) - Gott ist
das unerklärliche Eine 27

Augustinus (354 - 430) - Gott
ist das Gute in dreifacher Gestalt als Schöpfer, Jesus Christus und Heiliger Geist 29

Thomas von Aquin (1225 -
1274) - Gott ist Glaube und
Vernunft 32

Meister Eckhart (1260 - 1327)
- Über dem Dreieinigen Gott
steht die Gottheit 37

Wilhelm von Ockham (1286 -
1349) - Gott ist ausschließlich
Gegenstand des Glaubens 39

**2. Vom Humanismus bis zur
Gegenwart** **40**

Nikolaus von Kues (1401 -
1464) - Gott steht über allem 40

Giordano Bruno (1548 - 1600)
- Gott und Natur sind eins   42

Jakob Böhme (1575 - 1624) -
Gott ist nicht allmächtig   44

René Descartes (1596 - 1650) -
Gott ist so gewiss wie das
Denken   46

Blaise Pascal (1623 - 1662) -
Gott löst das Rätsel unserer
Existenz   48

Baruch de Spinoza (1632 -
1677) - Gott ist der Urgrund
aller Dinge   49

John Locke (1632 1704) - Gott
erkennen wir durch unsere
Vernunft   51

Gottfried Wilhelm Leibnitz
(1646 - 1716) - Gott ist die
Urmonade, das höchste Kraft-
zentrum der Welt   54

Montesquieu (1689 - 1755) -
Gott ist nicht notwendig   57

Voltaire (1694 - 1778) - Gott
muss existieren   59

David Hume (1711 - 1776) -
Gott gibt es nicht   60

Jean-Jacques Rousseau (1712 -
1778) - Das Gefühl sagt mir,
dass es Gott gibt   62

Immanuel Kant (1724 - 1804) -
Auch die Nichtexistenz Gottes
ist nicht beweisbar   66

Johann Wolfgang Goethe
(1749 - 1832) - Gott kann
nicht erklärt werden   68

Johann Gottlieb Fichte (1762 -
1814) - Gott ist die sittliche
Weltordnung   69

Friedrich Schelling (1775 - 1854) - Gott ist Natur und Geist 71

Georg Wilhelm Friedrich Hegel (1770 - 1831) - Gott ist Weltgeist, Wahrheit und Vernunft 72

Auguste Comte (1798 - 1857) - Das Nachdenken über Gott ist nutzlos 75

Ludwig Feuerbach (1804 - 1872) - Gott ist Wunschvorstellung der Menschen 77

William James (1842 - 1910) - Gott existiert, weil er nützlich ist 79

Karl Jaspers (1883 - 1969) - Gott kann nur geglaubt werden 81

Ludwig Wittgenstein (1889 - 1951) - Gott ist der unaussprechliche Sinn der Welt 83

Günter Rohrmoser (1927 -
2008) - Mit dem Christentum
dem Verfall der Gesellschaft
entgegenwirken   85

3. Aktuelle Diskussion   **87**

Wissenschaftlicher Wertrelativismus   88

Gerechtigkeit   91

**4. Das Gottesbild moderner
Denker**   **98**

Literatur zur Vertiefung   **100**

Bildnachweis   **102**

Einleitung

Seitdem es auf der Welt Menschen gibt, die sich gegenüber anderen Lebewesen durch ihre Fähigkeit zum logischen Denken, zur Willensbildung und zum selbstverantwortlichen Handeln auszeichnen, fragen sie nach der Entstehung des Universums und dem Sinn ihres Lebens auf Erden. Mit dieser Frage eng verknüpft ist die Frage nach der Richtschnur für unser Leben zwischen Himmel und Hölle, zwischen Gut und Böse. Trotz aller Fortschritte der Kosmologie, deren modernste Variante die Theorie einer Urwolke entwickelt hat, aus der die kosmischen Objekte und schließlich das Leben entstanden sein sollen, wissen die Menschen nicht, woher sie letztendlich kommen und wohin ihr Geist und ihre Seelen nach dem Tode gehen.

Wahrscheinlich werden wir diese Fragen nie beantworten können. Denn je weiter die Kausalzusammenhänge zur Entstehung der Welt zurückverfolgt werden, umso mehr tun sich neue, unbekannte

Ursachen auf, deren Existenz wir nicht erklären können. Woher kommt die Urwolke, wer hat sie geschaffen? Warum gibt es überhaupt etwas und nicht vielmehr nichts? Was hat den Evolutionsprozess in Gang gesetzt? Wozu das Ganze? Dieses Unvermögen des Menschen zur Erklärung der Welt hat in allen Kulturkreisen der Erde seit jeher die Frage nach Gott und dem Anfang, dem Sinn und dem Ende des Lebens aufgeworfen. Die Religionen der Welt beantworten die Fragen auf sehr verschiedene Weise. Grundwissen der Erkenntnistheorie ist heute, dass weder die Existenz noch die Nichtexistenz eines persönlichen, allmächtigen Gottes als Schöpfer der Welt wissenschaftlich bewiesen werden können.

Für die persönliche Meinungsbildung ist es daher von Interesse, sich mit den Gottesbildern der großen Denker auseinander zu setzen. Bei der Suche nach einem sinnvollen, glücklichen Leben können die Vorstellungen der großen Denker Hilfe leisten und vor religiösem Fanatismus schützen. Mit der Frage nach Gott war immer auch das Problem verknüpft, wie Menschen am besten zusammenleben können. Vor rund 2.600 Jahren, also etwa um 600 v. Chr., gab es eine Epoche in der Menschheitsgeschichte, in der zum ersten Mal einzelne Menschen alte Mythen in Frage stellten und sich ihr eigenes Bild von der Welt formten. Es war die Zeit des Erwachens, die sogenannte Achsenzeit (Karl Jaspers). Bis dahin hatte man in den Naturgewalten, denen man den eigenen Lebensraum abringen musste, unheimliche Kräfte gesehen, um deren Gunst man flehte, die man anbetete. Die Naturkräfte waren Gottheiten, die nicht nur über Wind und Wetter herrschten, sondern auch in das Schicksal der Menschen eingriffen.

Um 600 v. Chr. kam nun etwas Neues auf die Menschen zu. Der Vielzahl der Götter wurden Gedankensysteme entgegengesetzt, mit denen die Welt erklärt wurde und die zur allgemeinen Befolgung aufforderten. Neben den Propheten und Religionsstiftern (Jesaja in Palästina, Zarathustra in Persien, Laotse und Konfuzius in China und Buddha in Indien), fragten einzelne Denker, was können wir erkennen, was sollen wir tun, wie können wir ein glückliches Leben finden? Sie wurden Philosophen (Freunde der Weisheit) genannt. In Griechenland begann die Philosophie des Abendlandes ihren langen Weg. Die Gottesbilder einiger ihrer herausragenden Vertreter vom Altertum bis zur Gegenwart sollen Gegenstand der folgenden Betrachtung sein. Die Zusammenfassung schildert das breite Spektrum der Vorstellungen von den in den Naturgewalten lebenden Göttern, dem einen Gott, der die Idee des Guten verkörpert, bis hin zu der Feststellung „Gott ist tot" und den modernen sozialphilosophischen Überlegungen zur Frage der Gerechtigkeit. Die Vielzahl der unterschiedlichen Denkansätze, insbesondere die Wissenschaftstheorie des Wertrelativismus, belegt, dass es eine einzige religiöse Wahrheit nicht gibt, und dass religiöser Fanatismus ein Irrweg ist. Als Ergebnis entsteht das Bild von der Würde des Menschen, das Jesus entworfen hat, und das sich auf Freiheit, Gleichheit und Nächstenliebe stützt.

1. Vom Altertum bis zur Mystik

Xenophanes (570 - 480)

Der eine Gott ist Alles

 Als die ionische Küstenstadt Milet in Kleinasien unter persische Herrschaft kam (546 v. Chr.), wurde Xenophanes dort als Wandersänger populär. Den größten Teil seines Lebens verbrachte er in Süditalien. Er hatte sich eingehend mit Homer (800 v. Chr.) beschäftigt und war zu seinem Kritiker geworden. Dass Homer und Hesiod (770 v. Chr.) den Göttern alle menschlichen Unarten andichteten wie Diebstahl, Ehebruch, Arglist und Prahlerei fand Xenophanes nicht gut. Ebenfalls

kritisierte er, dass die Menschen ihre eigenen Vorstellungen in ihre Götter hineinlegten und spottete über die olympische Götterversammlung. Er stellt sich als erster Grieche einen einzigen Gott vor. Das Höchste und Größte kann nur eines sein. Dieser Gott ist zugleich identisch mit dem Weltganzen. Er ist das unveränderliche Sein hinter der Vielfalt des Erkennbaren.

Xenophanes war Monotheist und Pantheist. Zugleich war er auch Agnostiker, gehörte also zu denen, die behaupten, dass man nicht wissen könne, ob es einen Gott gibt, die aber seine mögliche Existenz auch nicht leugnen. Xenophanes meinte, volle Gewissheit über Gott und die Natur habe noch niemand erlangt und werde auch keiner erlangen. Nicht von Beginn an enthüllten die Götter den Sterblichen alles, aber im Laufe der Zeit finde der Mensch suchend das Bessere. Sichere Wahrheit könne der Mensch jedoch niemals erkennen. Damit nahm Xenophanes bereits vor 2500 Jahren das Ergebnis der modernen Wissenschaftstheorie voraus, die von Karl Popper (1902 – 1994) formuliert wurde. Popper wies nach, dass es in der Wissenschaft keine gesicherten Erkenntnisse gibt, und etwas nur so lange als wahr gilt, bis es durch eine andere Wahrheit widerlegt, „falsifiziert", wird.

Platon (427 - 347)

Gott ist die Idee des Guten

Platon, Schüler des Sokrates und Gründer der „Akademie" in Athen, das den dreißigjährigen Bruderkrieg gegen Sparta verloren hatte, wollte die Sophisten – die Lehrer der Weisheit, wichtigster Vertreter war Protagoras (485 – 415 v. Chr.) – bekämpfen und überwinden. Die Sophisten waren bereits Aufklärer, fortschrittliche Denker, die an die Stelle des blinden Gehorsams gegenüber religiösen Autoritäten die Mündigkeit des Menschen und seine Selbstbestimmung setzten. Platon hielt die These, dass es keinen allgemein gültigen Maßstab gebe, und der Mensch mit seinen Werturteilen das Maß aller

Dinge sei, für falsch und verderblich, weil sie die Grundlage der Sittlichkeit zerstöre. Platon wollte zeigen, dass es doch ein allgemein gültiges Richtmaß gibt, und wie man zu ihm gelangt. Die sichtbare Welt war für ihn nur eine Scheinwelt, ein bloßes Abbild der wahren Welt, die hinter den vom Menschen erkennbaren Erscheinungen steht. In seinem berühmten Höhlengleichnis beschreibt er, wie der Mensch aus der Scheinwelt der Wahrnehmungen in die wirkliche Welt der Ideen gelangen kann. Gefangen in der Höhle der sinnlichen Welt nehmen die Menschen die Wirklichkeit nur als Schatten eines hinter ihnen leuchtenden Lichtes wahr. Dieses Licht, die Idee des Guten und Gerechten zu erkennen, sei Aufgabe des Philosophen. Das Ziel des Menschen sei es, durch Erhebung in die übersinnliche Welt jene höchste Idee des Guten zu erlangen.

Der eigentliche Grund der Welt und des Werdens ist nach Platon Gottes Wille, dass alles ihm selbst so ähnlich wie möglich werde. Das heißt: gut, gerecht, schön und vollkommen. Der Mensch trägt in seiner Seele Urbilder all dieser gerechten Weisen des Verhaltens. Dass Gott existiert, ist für Platon keine Frage des Glaubens, sondern Gegenstand des Wissens. Kein Volk könne groß sein, das keinen Gott habe, der die Idee des Guten und Vollkommenen verkörpere. Platons Gott hat die Welt nicht aus dem Nichts erschaffen wie der jüdische und der christliche Gott, sondern hat bereits vorhandenen Stoff neu geordnet. Das Göttliche existiert im All und in den Menschen. Es bedarf daher keiner besonderen geschichtlichen Offenbarung, keiner religiösen Lehre, keiner Theologie.

Aus der Überzeugung, dass die Philosophen die Gerechtigkeit erkennen können, entwirft Platon auch sein Idealbild des Staates. Der Staat muss von den durch Auslese herausgefundenen Besten regiert werden. Die Philosophen müssen Könige werden oder die Könige Philosophen, sonst wird es auf der Erde kein Ende des Übels geben. Um die Besten vor irdischen Versuchungen zu schützen, dürfen sie im

Gegensatz zur breiten Masse, die an der Politik nicht mitwirkt, kein Eigentum besitzen und müssen streng nach dem Gleichheitsprinzip leben. Vom Staat bekommen sie das, was sie und ihre Familien für ihren Unterhalt benötigen.

Aristoteles (384 - 323)

Gott ist das Streben der Welt

Platons Schüler Aristoteles betrachtete die Konzeption seines Lehrers von der sinnlichen (sichtbaren) Scheinwelt und der wahren Welt der Ideen als willkürliche Theorie. Auch von Platons Staatsidee hielt er nichts. Für Aristoteles war die gegenständliche, erkennbare Welt der Dinge die wahre Welt, der Ausgangspunkt seines Denkens. Als Naturforscher hat er das Weltgebäude mit Raum, Zeit, Materie, Ursache und Bewegung eingehend beschrieben und dadurch einen gewaltigen Vorrat sachlichen Wissens über die Natur und die menschliche Zivilisation zusammengetragen, von dem die

Wissenschaft bis in die Neuzeit gezehrt hat. Aber mit der Ordnung des von ihm Erkannten gab er sich als Philosoph nicht zufrieden. Zuletzt stellte er die Frage: worin gründet denn all das, was sich in so verschwenderischem Reichtum vor den Augen auftut? Worin haben Welt und Mensch ihren wahren Ursprung?

Die Antwort findet er im durchgängigen Streben, das er überall in den Bereichen der Wirklichkeit entdeckt. Woher kommt eigentlich die große und umfassende Bewegung, die Menschen und Natur durchwaltet? Was hält die Welt in ihrer ständigen Bewegtheit? Muss es nicht, so fragt Aristoteles, ein erstes Bewegendes geben, von dem alle Bewegung ihren Ausgang nimmt? Alles Streben in der Welt, glaubt er zu erkennen, geht auf Vollkommenheit. Also muss das letzte Ziel der Menschen und der Natur das Vollkommenste sein. Was aber ist das Wirkliche und das Vollkommenste? Aristoteles antwortet: die Gottheit. Freilich nicht der Schöpfergott des Christentums, der von außen her die Welt ins Dasein

19

ruft, sondern die Gottheit als das der Welt immanente letzte Ziel ihres Strebens, ihre kraftspendende Gestalt. Die Gottheit denkt er sich als höchste Vollkommenheit: als Vernunft (Logos). In diesem Sinne sagt Aristoteles: „Gott ist Geist oder noch über den Geist hinaus."

Epikur (341 - 270)

Götter leben in den Vorstellungen der Menschen

Für Epikur, der nach Anfängen auf Lesbos hauptsächlich in Athen lehrte, hat die Philosophie die Aufgabe, den Weg zum Glück zu weisen. Anders als bei Platon und Aristoteles setzt sich der Mensch die Ziele für ein glückliches Leben selbst. Die Willensfreiheit erscheint als Grundbedingung des Glücks. Das Glück liegt nicht in den Zwecken, die von der kosmischen Ordnung vorgegeben sind, sondern im persönlichen seelischen Gleichgewicht. Das höchste Gut, die individuelle Glückseligkeit, besteht aus dem Bewusstsein, dass die eigenen Wünsche erfüllbar sind, und führt zum inneren Frieden, zur Seelenruhe. Heute wird ein reiner Genussmensch Epikureer genannt. Damit wird Epikur jedoch falsch verstanden. Nicht der Genuss war für ihn das höchste Ziel, sondern der innere Frieden durch eine bedachte Lebensführung. Dazu aber bedarf es einer Mäßigung der Begierden. Diese Gesinnung entwickelt er zu einer durchgebildeten Tugendlehre und zu feinsinnigen ethischen Betrachtungen.

Epikur geht davon aus, dass die Natur den Menschen die Vorstellung von Göttern in ihre Seelen eingepflanzt hat. Aber die Götter nehmen keinen Einfluss auf das Schicksal der Menschen. Weder könnten diese selbst bei steter Sorge um fremde Angelegenheiten volles Glück genießen, noch wäre dann das Übel und Leid erklärlich, das alle Wirklichkeit erkennbar durchdringt. Deshalb hält Epikur die Furcht vor den Göttern für unbegründet und wendet sich gegen die religiösen Mythen. Für ihn zählt nur, was wir durch unsere Sinne aufnehmen. Er greift daher gegen den platonischen Idealismus auf die Atomtheorie Demokrits (480 - 370 v. Chr.) zurück. Bereits Demokrit hat die Theorie des Leukippos (zweite Hälfte des 5. Jahrhunderts v. Chr.) systematisch ausgebaut, wonach die Welt sich aus Atomen zusammensetzt.

Zenon (332 - 262)

Götter sind die Gesetzlichkeit der Welt

Zenon aus Kition auf Zypern lehnt die Philosophie Epikurs vom Weg zum Glück des Menschen ab. An die Stelle des Glücks tritt für ihn die Pflicht. Auch die Willensfreiheit des Menschen leugnet er. Alles vollzieht sich nach einer festen Schicksalsordnung. Aber wenn uns auch das Schicksal vorbestimmt ist, so enthebt uns das nicht der eigenen moralischen Verantwortung. Zenons Lebensideal ist die Leidenschaftslosigkeit und Unerschüt-terlichkeit gegenüber den Schlägen des Schicksals. Über allem steht der Gedanke der Pflichterfüllung. Geht es aber um

Pflicht, dann ist der Rückzug in die private Sphäre, wie sie noch Epikur vertrat, nicht mehr möglich. Der tugendhafte Mann kann nicht in Einsamkeit leben, er muss die Gemeinschaft mit allen Kräften fördern. Den Gedanken der Pflicht im öffentlichen Bereich geltend gemacht zu haben, ist eines der großen Verdienste des Philosophen Zenon in der Endzeit der griechischen Stadtstaaten. Er lehrte in einer Wandelhalle am Marktplatz von Athen, der „Stoa", die seiner Philosophie den Namen gab. Noch heute spricht man von einem Stoiker, wenn ein Mensch sein Unglück ruhig und gelassen hinnimmt.

In ihrer Naturlehre gingen die Stoiker von der Vorstellung aus, dass dem Weltganzen eine strenge Gesetzlichkeit innewohnt. Diese von innen wirkende Kraft nannten sie Logos, Seele, Notwendigkeit oder auch Gott. Zenon definierte Gott als den feurigen Geist der Welt. Im Hinblick auf diese Vorstellung von einer alles regierenden göttlichen Vernunft, kann man die Stoiker als Pantheisten bezeichnen. Die Götter leben nicht wie bei Epikur fern von der Welt, sie sind gegenwärtig und wirksam. Durch göttliche Vorsehung wird die Welt regiert. Nur der von Natur aus mit Vernunft begabte Mensch ist in der Lage, die göttliche Gesetzmäßigkeit zu erkennen und sich durch bewusstes Handeln nach ihr zu richten. Im vernunftgemäßen Handeln, das zugleich naturgemäßes Handeln bedeutet, besteht die einzige Tugend und zugleich die einzige Glückseligkeit.

Jesus (0 - 30)

Gott ist Liebe

Bereits 133 Jahre bevor Jesus geboren wurde, hatten die Römer Griechenland erobert. Nach dem Tode Alexander des Großen (356 – 323 v. Chr.), während der Blütezeit des Hellenismus (323 – 133 v. Chr.), hatte sich in Italien ein Stadtstaat entwickelt, der von realistischer Härte, Machtwillen und Pflichtbewusstsein geprägt war. Die Römer traten auf den Plan der Weltgeschichte. Sie herrschten seit dem Jahre 63 v. Chr. auch über Israel, wo Jesus nur etwa zwei Jahre als Wanderprediger gewirkt hatte, bis er unter dem römischen Präfekten Pontius Pilatus seiner Lehre wegen in Golgota, nordwestlich von Jerusalem, am Kreuz hingerichtet wurde.

Jesus lehrte, dass Mose und die Propheten des Alten Testaments durch Johannes den Täufer und seine frohe Botschaft vom kommenden Reich Gottes auf Erden abgelöst worden seien. Er verkündete ein radikales Liebesgebot. Du sollst Gott lieben und deinen Nächsten lieben wie dich selbst; du sollst deinen Feinden verzeihen und auch sie lieben. In seiner Bergpredigt (Matth. 5,1 bis 7,29) erklärt Jesus das biblische Ethos der Christenheit und sein Verständnis der Gebote Gottes dann besonders eindringlich. Die Bergpredigt stellte die alte Ordnung der Juden auf den Kopf und war Auslöser für Erregung und Begeisterung. Jesus war ein Mann des jüdischen Volkes. Seine Predigt galt nicht den Vornehmen und Gebildeten, sondern den Mühseligen und Beladenen

(Matth. 11,28). Obwohl in der Religion und theologischen Vorstellungswelt seines zeitgenössischen Judentums tief verwurzelt, forderte Jesus ein radikales Umdenken im menschlichen Zusammenleben. Er rief die Menschen auf zu Freiheit, Gleichheit und Nächstenliebe.

Nicht der ist ein guter Mensch, der Geld hat, nicht traurig sein kann, über Leichen geht und Macht und Rang hat, sondern derjenige, der sich nicht übernimmt, der Mitleid hat mit Unglücklichen, der für den Frieden arbeitet und barmherzig ist. Jesus predigte gegen die Welt der menschlichen Götter, der Machtgier, der Brutalität und des Egoismus. Leitgedanke der Bergpredigt ist die Idee von mehr Menschlichkeit und einer besseren Gerechtigkeit. Jesus übte nie Kritik an der römischen Staatsmacht. „Gebt dem Kaiser, was des Kaisers ist, und Gott, was Gottes ist. Das war nicht die Einstellung eines Revolutionärs, von dem man erwarten konnte, dass er die bestehenden staatlichen Verhältnisse ändern wollte. Dennoch sahen viele in ihm den von den

Propheten angekündigten Messias, und der Messias war der „König der Juden". Das wurde von den Römern politisch verstanden und von ihrem Präfekten Pontius Pilatus, um befürchteten Unruhen aus dem Weg zu gehen, als Anmaßung eines Herrschaftstitels verurteilt. Die jüdischen Gegner Jesu waren die Sadduzäer, eine kleine Minderheit von reichen, adligen Familien, die in ihrem Einfluss vom Wohlwollen der Römer abhängig waren. Aus ihren Reihen hatten die Römer die Hohen Priester eingesetzt.

Plotin (205 - 270)

Gott ist das unerklärliche Eine

Vorbild für die Philosophie Plotins, der in Rom lehrte, war der Idealismus Platons. Deshalb nannte man sie „Neuplatonismus". Platon hatte das Gute und Gerechte als höchste Idee bezeichnet. Plotin nannte es das alle anderen Ideen übertreffende höchste Wesen „das Eine"; es war sein Begriff für Gott. Dieses Eine, das

27

Ewige, das Höchste ist unerklärbar und unfasslich. Es ist in sich vollendet und ruhend. Deshalb kann die Welt auch nicht durch einen Willensakt Gottes geschaffen sein, wie es das Christentum behauptet. Vielmehr tritt das höchste, rein geistige Wesen durch Ausstrahlung mit dem Diesseits in Verbindung. Die menschliche Seele ist frei in ihrer Wahl, sie kann den Weg des Fleisches, der weiteren Verstrickung in das Ungöttliche wählen, oder aber den Weg empor zum Geistigen, Ewigen, Göttlichen. Das höchste Ziel des Lebens ist die intellektuelle Verinnerlichung des Einen, die vollkommene Versenkung in das Göttliche, das in uns ist. Man findet solche Mystik vor Plotin bei den Indern und nach Plotin bei den Mystikern des christlichen Mittelalters. Die Sehnsucht nach Erlösung ist charakteristisch für die schreckliche Zeit der römischen Soldatenkaiser und des verfallenden römischen Weltreichs, die schließlich zum Siegeszug des Christentums führte.

Der Neuplatonismus suchte, wie das Christentum, dem tiefen religiösen Be-

dürfnis der Untergangszeit zu entspre-
chen. Er war dem Christentum verwandt
und wurde wohl gerade deswegen von
ihm heftig bekämpft. Die Kluft zwischen
Philosophie und Religion schloss sich und
führte über tausend Jahre lang zur Domi-
nanz der Theologie. An Stelle des Menschen und der Wissenschaft wird nun-
mehr Gott zum beherrschenden Mittelpunkt des Lebens.

Augustinus (354 - 430)

Gott ist das Gute in dreifacher Gestalt als
Schöpfer, Jesus Christus und Heiliger
Geist

Noch bevor Augusti-
nus, der in Nordafrika
geboren wurde und in
Karthago   Rhetorik
studierte,   in   voller
Schaffenskraft   stand,
war das Christentum
nach blutigen Ausei-
nandersetzungen   im

29

Jahre 380 unter Kaiser Theodosius dem Großen zur Staatsreligion des Römischen Reiches geworden. „Tauscht nur ein paar Wörter in seinem Denken aus, und ihr habt einen Christen", sagte Augustin über Plotin. Auch für Augustin muss der Glaube dem Verstehen vorausgehen. Die Autorität der Heiligen Schrift ist für ihn größer als alle Anstrengungen des menschlichen Geistes. Das Wesen der Wahrheit liegt für Augustin nicht in der Übereinstimmung des Urteils mit einem Sachverhalt, für ihn liegt die Wahrheit in den ewigen Ideen Gottes, wie sie in der Bibel zum Ausdruck kommen. Allerdings müsse man die Bibel nicht immer wörtlich nehmen. Sie sei so geschrieben, dass sie auch für einfache Menschen verständlich und auszulegen sei.

Gott ist das Gute und hat eine dreifache Gestalt: er ist Schöpfer, Jesus Christus und Heiliger Geist. Damit beendete Augustinus den im frühen Christentum erbittert geführten Streit, ob ein Mensch wirklich Gott sein könne. Gott ist nur auf dem Weg über Jesus, das Wort der Bibel und die Kirche zu finden. Für Augustin gibt es nichts Gutes außerhalb der den Glauben vermittelnden Kirche: ohne die katholische Kirche kein Christentum, ohne Christentum keine Religion, ohne Religion keine geistige Selbsterhaltung des Menschen. Mit solcher Erhöhung der Kirche ist Augustin der Begründer des Katholizismus geworden und bis heute einer ihrer wichtigsten Denker geblieben.

Auch zu Augustins Zeiten wurde über das alte philosophische Problem der Willensfreiheit heftig gestritten. Nur wer aus eigenen Stücken eine Sünde begehe, habe eine Strafe dafür zu erwarten. Eine Erbsünde gäbe es nicht. Diese Ansicht hielt Augustin für ketzerisch. Da wir alle Adams Sünde geerbt hätten, verdienten wir auch alle die ewige Verdammnis. Augustin verbindet als erster die Erbsünde mit dem Geschlechtsakt. Deshalb sei auch das neugeborene Kind in Sünde geboren, nur durch die Taufe könne es von der Erbsünde befreit werden. Diese Auffassung von der Verwerflichkeit der menschlichen Sexualität hat bis heute zu

31

einem unnatürlichen und verkrampften Umgang der Kirche mit der Sexualität beigetragen. Nur Gott in seiner Barmherzigkeit kann nach Auffassung Augustins die Menschen durch Gnade erlösen. Wenn der Mensch der Gnade Gottes zustimmt, gewinnt er seine verlorene Handlungsfreiheit zurück. Durch Augustin wurde das Christentum eine romantische Reaktion gegen den klassischen Vernunftglauben. Die große Mehrheit seiner Anhänger verlangte nach autoritativ festgelegten Glaubenssätzen, so dass die katholische Kirche ihr Glaubensbekenntnis in unumstößlichen Dogmen festlegte und den Zweifel daran zur Sünde erklärte. Das 1. Vatikanische Konzil (1869 – 1870) verkündete dann unter dem Pontifikat von Pius IX. die Unfehlbarkeit des Papstes.

Thomas von Aquin (1225 - 1274)

Gott ist Glaube und Vernunft

Als Thomas von Aquin nach Ende des allgemeinen Kulturverfalls während des dunklen Zeitalters seine Lehrtätigkeit in Paris begann, war die Philosophie der neuen Zeit, die Scholastik, die ihren Namen aus der Erziehung der Geistlichkeit an den im karolingischen Reich verbreiteten Klosterschulen ableitete, tief gespalten. Es ging um die Frage, ob der Glaube oder die Vernunft zur Erkenntnis der Wahrheit führt. Mit dieser Problematik hatten sich schon Platon und Aristoteles auseinander gesetzt. Für Platon war die Idee, der Glaube, das eigentlich Wirkliche, für Aristoteles waren es die Dinge, die wir mit unseren Sinnen erkennen und verstehen können. Drei bedeutende Scholastiker, auf die Thomas von Aquin zurückgreifen konnte, will ich kurz vorstellen.

Für Anselm von Canterbury (1033 – 1109) war der Glaube das Wichtigste, das Denken war ihm untergeordnet. Ohne den Glauben kann es keine richtige Erkenntnis geben. „Ich glaube, damit ich verstehe", war sein Motto. Er glaubte sogar, mit

Hilfe der Vernunft die Existenz Gottes beweisen zu können. Wäre Gott als Vollkommenes nur gedacht, würde ihm etwas fehlen, nämlich die Existenz. Anselm leitet aus dem Begriff Gottes seine reale Existenz ab. An dieser „ontologischen" Methode setzte dann auch schon zu seinen Lebzeiten der Widerspruch der Kritiker an. Die Argumentation enthält einen Zirkelschluss, weil dasselbe mit verschiedenen Worten zweimal gesagt wird.

Als Anselm starb, gründete Peter Abelard (1079 – 1141) in Paris eine eigene philosophische Schule. Er argumentierte genau umgekehrt wie Anselm von Canterbury: Ich erkenne, damit ich glaube. Die Willensfreiheit der Person war für ihn die Grundlage der Sittlichkeit. Das war neu in einer Zeit, in der das Richtige und Gute nicht von subjektiven Beweggründen, sondern von der Idee Gottes abgeleitet wurde. Abelard war wie vor ihm im 9. Jahrhundert schon Johannes Scotus ein Aufklärer im Mittelalter.

Knapp hundert Jahre nach Abelards Tod wurde Albertus Magnus (1193 – 1280) als erster deutscher Hochschullehrer Professor für Theologie an der Universität Paris. Er setzte sich als Erster seiner Zeit mit Aristoteles gründlich auseinander und machte ihn wieder bekannt. Alles, was die scholastischen Gelehrten über Aristoteles neu lernten, verdankten sie arabischen Philosophen, allen voran dem mohammedanischen Denker Averroes (auch als Ibn Rushd bekannt; 1126 - 1188), der im 12. Jahrhundert im spanischen Cordoba wirkte. In den folgenden Jahrhunderten wurde dann das Werk des Aristoteles die wichtigste Quelle der Wissenschaft. Albertus Magnus begründete den christlichen Aristotelismus, den sein Schüler Thomas von Aquin dann zu einem Höhepunkt des mittelalterlichen Denkens ausbaute. Der vernunftbegabte Mensch habe die Fähigkeit, aus eigener Kraft die Wahrheit zu erkennen, er bedürfe dazu keiner besonderen Erleuchtung, wie Augustin gelehrt hatte. Albertus Magnus dachte über das menschliche Glück als Werk des Menschen nach, ohne die Annahme übernatürlicher Tugenden und göttlicher Gnade.

Thomas von Aquin machte es sich dann zur Aufgabe, die beiden widerstreitenden Weltsichten der Scholastik miteinander zu versöhnen. Dies versucht er mit Hilfe des Gedankens, dass Vernunft und Glaube von Gott stammen. Er versteht Gott in Anlehnung an Aristoteles als unbewegten Beweger. Gott schafft einerseits den Glauben, andererseits ist er der Schöpfer der natürlichen Vernunft. Da Vernunft und Glaube ihre Wurzel in Gott haben, können sie nicht in Widerstreit zueinander stehen. In dieser Synthese ist allerdings der Glaube an Gott Voraussetzung der Überlegung und hat damit Vorrang vor der Vernunft. Thomas bleibt ein christlicher Philosoph.

Wird diese Voraussetzung der von einem Schöpfer stammenden Welt erst einmal akzeptiert, dann lässt sich von da aus, wie Thomas entwickelt, auch das Dasein Gottes auf dem Wege der Vernunft erkennen. Wenn alles, was existiert, eine Ursache für seine Existenz haben muss, muss diese Ursache wiederum von einer vorausgehenden, höheren Ursache abhängen. Man kann jedoch, wie Thomas behauptet, in der Kette der Verursachungen nicht ins Unendliche zurückgehen. Also muss es eine erste Ursache geben, und diese ist Gott. Die Richtigkeit oder Unrichtigkeit dieser These ist bis heute strittig und nicht beweisbar. 1879 wurden die Ideen von Thomas zur offiziellen Philosophie der katholischen Kirche erklärt.

Meister Eckhart (1260 - 1327)

Über dem Dreieinigen Gott steht die Gottheit

Der deutsche Dominikaner Johannes Eckart war in seinem Orden zum Generalvikar für die böhmischen Klöster und zuletzt zum Prior in Köln aufgestiegen. Bald Meister Eckart genannt, wurde er zum wichtigsten Vertreter der mystischen Philosophie. Mystik ist die Erfahrung einer göttlichen Wirklichkeit, die verstandesmäßige Erkenntnis übersteigt. Der Weg dahin führt über Meditation und Versenkung in die eigene Seele. So kann die Seele eins werden mit Gott. Mit dem Verstand können wir Gott nicht erfassen.

Für Eckhart ist das Höchste, das absolut Gute, so jenseitig und so wenig fassbar, dass er es nicht Gott, sondern „Gottheit" nennt. Den dreieinigen Gott des Christentums versteht er als Offenbarung dieser „Gottheit". Gott ist das Subjekt, Jesus das Objekt, durch das Gott spricht, und der Heilige Geist ist das Band der Liebe, das Vater und Sohn verbindet. Die Gottheit steht über dem dreieinigen Gott und strahlt auf diesen aus. Gott und Menschenseele sind für Eckhart eine Einheit. Nach seinem Tod erlässt der Papst eine Bulle, in der seine Lehre teils als ketzerisch, teils als höchst missverständlich verdammt wird.

Wilhelm von Ockham (1286 - 1349)

Gott ist ausschließlich Gegenstand des Glaubens

Der Franziskaner Wilhelm von Ockham lehrte in Oxford und Paris. Er stand dem Bemühen des Thomas von Aquin, die Vernunft möglichst weit in den Bereich des Glaubens vorzuschieben, kritisch gegenüber. Durch die Vernunft könne das Wesen Gottes nicht erkannt werden. Der Glaube bedarf keiner Beweise, durch Gottes Gnade wird er denen verliehen, die guten Willens sind. Die Dogmen der Kirche stehen jenseits der Vernunft. Auch vernunftgemäße Beweise für die Existenz oder bestimmte Eigenschaften Gottes gibt es nicht. Gott ist ausschließlich Gegenstand des Glaubens. Wilhelm von Ockham meinte, man müsse die Philosophie von der Theologie trennen. Mit dieser Überlegung bereitete er den Weg in die Mystik, die sich von der verstandesmäßigen Theologie absonderte.

2. Vom Humanismus bis zur Gegenwart

Nikolaus von Kues (1401 - 1464)

Gott steht über allem

Knapp 200 Jahre nach Thomas von Aquin versuchte der in Kues an der Mosel gebo- rene und später zum Kardinal aufgestie- gene Nikolaus Krebs erneut, die Gegen- sätze von Glauben und Wissenschaft in einem einzigen Denksystem zusammen zu bringen. Nikolaus von Kues war ein bedeutender Mathematiker und Natur- wissenschaftler. Lange vor Kopernikus und Kepler nahm er an, dass die Erde nicht der Mittelpunkt des Weltalls son- dern ein Stern wie jeder andere ist, und dass sie sich bewegt. Als erster hat er den Gedanken von der Unendlichkeit des Weltalls ausgesprochen.

Die menschliche Erkenntnis vollzieht sich für Nikolaus von Kues in vier Stufen: durch Messen und Vergleichen beschrei- ben wir die Gegenstände, der Verstand unterscheidet und ordnet sie, die Vernunft verbindet das, was der Verstand trennt, zur Synthese, und auf der letzten Stufe lehrt die Versenkung, dass Gott über allem steht. Denn in den messbaren Verhältnissen, den Proportionen der endlichen Welt, spüren wir eine Harmonie, die auf die Vollkommenheit des unendlichen Ganzen verweist. Es ist dies kein System, das mit Hilfe der Logik bewiesen werden könnte, sondern eher eine Gedankenwelt des Ahnens und Sehnens. Letztlich seien wir auf Gottes Offenbarung angewiesen.

Ausgangspunkt seines Denkens ist der Mensch mit seinen individuellen Sichtweisen und Fähigkeiten, die das gegenseitige Verstehen so problematisch machen. Der Mensch als Individuum wird zum Maß aller Dinge. Nikolaus von Kues vollzog den Wandel von der scholastischen Denkweise zu Geist und Stil des Humanismus, der durch Menschenwürde, Persönlichkeitsentfaltung und Toleranz bestimmt wird. Seine Vorstellung, Gegensätze auf höherer Ebene zu verbinden, schlug sich auch in seinem Bemühen nieder, eine Verständigung zwischen den Konfessionen zu erreichen und religiösen Frieden zu stiften.

Giordano Bruno (1548 - 1600)

Gott und Natur sind eins

 Der Italiener Filippo Bruno aus Nola bei Neapel trat bereits mit 15 Jahren in den Dominikaner - Orden ein und erhielt dort den Ordensnamen Giordano. Bald wurde er der Ketzerei bezichtigt, floh aus dem Orden und begann ein unstetes Wanderleben quer durch Europa. Er war der erste, der die öffentliche Diskussion über das neue Weltbild des deutschen Domherrn in Frauenburg, Nikolaus Kopernikus (1473 – 1543), 40 Jahre nach dessen Tod wirkungsvoll anstieß. Bei

seinen Studien hatte Kopernikus entdeckt, dass nicht die Erde, sondern die
Sonne der unbewegliche Mittelpunkt des
Weltalls ist. Bruno ging noch weiter und
sprach aus, was die spätere Forschung
bestätigte: Es gibt zahllose Sonnensyste-
me im Weltall in beständiger Bewegung.
Das Universum ist von unermesslicher
Unendlichkeit. Dieser Gedanke war selbst
Galilei (1564 – 1642) und Kepler (1571 –
1630), die den wissenschaftlichen Fortschritt ihrer Zeit verkörperten, unheim-
lich.

Bruno verband mit dem Gedanken der
Unendlichkeit des Universums auch die
Vorstellung, dass die Welt ewig sei. Der
ganze Kosmos bilde eine dynamische
Einheit, die von einem einzigen Prinzip
beherrscht werde. Dieses Prinzip nennt
Bruno Gott. Schon der Gedanke der
Ewigkeit der Schöpfung spricht gegen
einen Schöpfungsakt Gottes und war aus
christlicher Sicht ketzerisch. Noch mehr
Anstoß erregte Bruno mit der Vorstellung, dass Gott nicht über der Welt steht,
sondern in der Welt ist, dass er als besee-

lendes Prinzip ebenso im Ganzen wie in jedem Teil der Welt wirkt. Gott und Natur sind eins. Das hatten im 6. vorchristlichen Jahrhundert schon die Griechen Thales und Xenophanes in Milet (heute Türkei) gelehrt. Diese Vorstellung, der Pantheismus, verstieß gegen die kirchlichen Dogmen. Mit 52 Jahren wurde Bruno in Rom gefoltert und auf dem Scheiterhaufen verbrannt.

Jakob Böhme (1575 - 1624)

Gott ist nicht allmächtig

300 Jahre nach Meister Eckhart erhob sich in der Welt der anbrechenden Fortschrittsgläubigkeit mit Jakob Böhme aus dem schlesischen Görlitz noch einmal eine Stimme der Mystik. Für Böhme ist Gott nicht im Himmel, sondern überall in der Natur. Auch die menschliche Seele bildet eine Einheit mit Gott. Höchstes Ziel ist die Erlösung des Menschen, wenn er die Einheit von Gott und Seele selbst erlebt. Aus dieser pantheistischen Sicht,

die schon bei der Naturlehre der Stoiker erkennbar wurde, ergab sich für Böhme die Frage, woher denn das Unglück und das Böse kommen. Kann ein vollkommener Gott das Böse zulassen? Das ist die Frage der „Theodizee", die noch lange Gegenstand der Diskussion sein sollte. Böhmes Antwort lautet: Alles auf der Welt vermag sich nur an seinem Gegensatz zu offenbaren: Das Licht an der Finsternis, das Gute am Bösen, Gott an der Welt. Alles Sein besteht nicht nur aus Gegensätzen, sondern verdankt den Gegensätzen seine Existenz. Der unaufhebbare Widerspruch, der sich durch alles Sein zieht, ist für Böhme die innerste Triebkraft der Welt.

Böhme sah das Böse schon im göttlichen Urgrund der Welt selbst angelegt. Wirklichkeit erlangt das Böse aber erst in der Seele des Menschen, die absolut frei ist, sich zwischen dem Reich des Guten, der Liebe, und dem Reich des Bösen, dem Zorn, zu entscheiden. Da der Mensch einen freien Willen hat, ist Gott über ihn nicht allmächtig. Der Mensch kann sich selbst für die Liebe oder für den Zorn entscheiden.

René Descartes (1596 - 1650)

Gott ist so gewiss wie das Denken

Der französische Mathematiker und Philosoph Descartes hat besonders nachhaltig den Zweifel zum wissenschaftlichen Prinzip erhoben und damit die Grundlage für die heutige Wissenschaftstheorie gelegt, die nur empirisch belegte, intersubjektiv austauschbare Erkenntnisse als wissenschaftlich anerkennt. Seine Methode geht davon aus, dass nur das als wahr angesehen werden kann, was sicher, deutlich und klar mit unseren Sinnen wahrgenommen werden kann. Was aber ist sicher? Um das herauszufinden musste er zunächst alles anzweifeln. Descartes stellt deshalb alle bisherige Erkenntnis radikal in Frage. Doch wenn ich auch an allem zweifele, meinte er, kann ich doch nicht daran zweifeln, dass ich zweifle, und das heißt zugleich, dass ich denke. Und wer denken kann, muss wirklich existieren: „je pense, donc je suis" („cogito, ergo sum" – „ich denke, also bin ich"). Diese Gewissheit war sein erster, unerschütterlicher Ausgangspunkt. Alles, was ich klar und deutlich erkenne wie diesen Satz, muss wahr sein.

Descartes glaubt, dass auch Gott ebenso gewiss ist, wie dieses „cogito, ergo sum". Er sagt: Ich habe in mir die Idee Gottes als eines unendlichen, allmächtigen und allwissenden Wesens. Diese Idee kann ich nicht aus mir selbst gebildet haben, sie kann mir nur durch Gott eingepflanzt worden sein. So entwickelte Descartes den Gottesbegriff aus dem denkenden Ich, wie es Anselm von Canterbury schon 600 Jahre vor ihm getan hatte, und was schon damals kritisiert worden war, denn die Argumentation enthält einen Zirkelschluss, weil dasselbe mit verschiedenen Worten zweimal gesagt wird.

Descartes hat sein kritisches Denken und seinen Kampf gegen den Wahrheits- und Herrschaftsanspruch der alten geistigen

Autoritäten, an deren Spitze der Papst und der Kaiser standen, teuer bezahlt. Er musste die beste Zeit seines Lebens im Exil im calvinistischen Holland verbringen. Holland war damals das liberalste und modernste Land in Europa. Trotzdem blieb er der katholischen Kirche treu.

Blaise Pascal (1623 - 1662)

Gott löst das Rätsel unserer Existenz

Pascal war ein genialer Wissenschaftler in Paris. Er erkannte die Widersprüche, die bei vernünftiger Betrachtung in den christlichen Dogmen erkennbar waren. Auf der anderen Seite war er tief religiös. Er kam zu der Erkenntnis, dass der Mensch nicht wissen kann, woher er letztendlich kommt und wohin er nach seinem Tode geht. Daher wendet er sich der christlichen Botschaft zu. Der Mensch ohne Gott, sagt er, existiert in der Unwissenheit über alles. Daher kann nur die Botschaft von Gott das Rätsel lösen.

Baruch de Spinoza (1632 - 1677)

Gott ist der Urgrund aller Dinge

Spinoza entstammt einer jüdischen Familie, die sich als eine der ersten in Amsterdam niederließ, nachdem sie vor der Inquisition aus Spanien geflüchtet waren. Wegen seiner Glaubenszweifel an einen persönlichen Gott wurde er von der jüdischen Gemeinde exkommuniziert. Spinoza sah sich nicht als Atheist, aber wegen des Dogmatismus und der Intoleranz des calvinistischen Klerus um ihn herum, nahm er sich vor, die Heilige Schrift unbefangen zu prüfen und nur das gelten zu lassen, was er selbst mit dem Verstand begreifen konnte. Er meinte, die Propheten wirkten durch ihr tugendhaftes Leben. Für sie sei Religion richtiges Verhalten, nicht eifrige Befolgung von Dogmen und Ritualen. Die Verfasser der Bibel hätten über Wunder berichtet, um sich einfachen Menschen der damaligen Zeit verständlich zu machen. Die Bibel sei nicht wörtlich zu nehmen. Gottes Wort enthalte ein Sittengesetz, das die Menschen tugendhaft machen kann. Religiöse Unterweisung sollte das Verhalten betonen und nicht den Glauben. Es genüge, an die Existenz Gottes zu glauben, dessen Verehrung in der Gerechtigkeit und in der Nächstenliebe bestehen sollte. Spinoza hielt Jesus nicht für Gottes Sohn, wohl aber für den größten und edelsten aller Menschen.

Für Spinoza ist Gott Natur und der Urgrund aller Dinge (Substanz), Gott und die Welt sind eins. Gott ist folglich keine Person, sondern die Summe aller Geistigkeit und Materie, eben alles Seienden. Gott lenkt die Welt durch die Naturgesetze. Alles Geschehen unterliegt einer logischen Notwendigkeit. Daher sind Furcht und Hoffnung verwerflich. Darin liegt ein tröstlicher Aspekt für den Menschen. Spinoza missfiel am offiziellen Christentum, dass es das Leben als Jammertal und den Tod als Tor zu Himmel oder Hölle betrachtete. Die Willensfreiheit des Menschen hielt er für eine Selbsttäuschung. Über 200 Jahre später bildete die Überzeugung von einer überlegenen Vernunft, die sich in der erfahrbaren Welt offenbart auch den Gottesbegriff von dem Physiker Albert Einstein, der als Begründer der Relativitätstheorie bekannt wurde (1879 – 1955).

John Locke (1632 - 1704)

Gott erkennen wir durch unsere Vernunft

John Locke studierte in Oxford Philosophie, Naturwissenschaften und Medizin. Er war dort als Dozent tätig und folgte nach einem Aufenthalt in Frankreich und London seinem protestantischen Freund und Gönner, dem Earl of Shaftesbury, ins Exil nach Holland, als die Stuarts erneut Absolutismus und Katholizismus in England und Schottland einrichten wollten. Er kehrte nach dem Sturz der Stuarts in der „Glorreichen Revolution" von 1688 nach England zurück. In der Zeit nach den Religionskriegen war religiöse Toleranz ein zentrales Thema, insbesondere auch für Locke.

Dass es einen Gott gibt, war für ihn Gewissheit, die in der menschlichen Vernunft liegt. Das System der Moral, das Jesus predigt, entspricht der menschlichen Vernunft. Es kommt besonders in der Bergpredigt zum Ausdruck: „Alles, was ihr wollt, dass euch die Leute tun sollen, das tut ihnen auch" (die sog. Goldene Regel). Woher kommt aber diese menschliche Vernunft? Wie vor ihm schon Hobbes (1588 – 1679) kommt Locke zu dem Ergebnis, das uns Ideen oder sittliche Grundsätze nicht angeboren oder von Gott eingepflanzt sind, wie es fast alle großen Denker vor ihm gelehrt hatten. Nur die Sophisten im 5. vorchristlichen Jahrhundert und Abelard zu Beginn des 12. Jahrhunderts n. Chr. bilden da eine Ausnahme. Alle unsere Erkenntnisse stammen allein aus der eigenen Erfahrung, sagt Locke. Allerdings besitzen wir von Natur aus das Vermögen, die Ideen, die wir mit Hilfe unserer Sinne aufnehmen, auf ihre Qualität zu prüfen und als gut oder schlecht zu bewerten.

Mit seinem konsequenten „Empirismus", der nur die Erfahrung als Quelle und Grenze der Erkenntnis anerkennt, war Locke der Erste, der systematisch den Umfang der menschlichen Erkenntnis untersuchte. Auch seine Staatstheorie baute er nach dieser Erkenntnislehre auf. Locke ging, wie Hobbes, zunächst von der Vorstellung eines Naturzustandes der Menschen aus, der bei ihm aber nicht durch den Krieg aller gegen alle, sondern durch Freiheit und Gleichheit aller Menschen gekennzeichnet ist. Die Menschen streben alle aus Selbsterhaltungstrieb nach Besitz und Eigentum. Sie brauchen Eigentum, um sich entfalten zu können. Freiheit und Eigentum gehören zusammen.

Da der Einzelne nicht immer in der Lage ist, sein Eigentum wirksam zu schützen, schließen sich die Menschen im Staat zusammen und übertragen ihm diese Aufgabe. Um die Menschen wiederum vor Missbrauch der staatlichen Macht zu schützen, fordert Locke strenge Gewaltenteilung zwischen Legislative und Exekutive. Die Regierung ist eine Angelegenheit des Volkes und nicht etwa durch göttliche Autorität eingesetzt, wie es noch bis 1806 im Heiligen Römischen Reich deutscher Nation gewesen ist. Diese Gedanken von Locke wurden hundert Jahre später in die amerikanische Unabhängigkeitserklärung von 1776 übernommen, fanden von dort Eingang in die Erklärung der Menschenrechte der Französischen Revolution von 1789 und sind heute Grundlage aller westlichen Demokratien.

Gottfried Wilhelm Leibnitz (1646 - 1716)

Gott ist die Urmonade, das höchste Kraftzentrum der Welt

Nach Descartes und Spinoza war es in Deutschland der Mathematiker und Jurist Gottfried Wilhelm Leibnitz, der nach den Wirren des Dreißigjährigen Krieges seine Philosophie unter den Gesichtspunkten des aufgeklärten Denkens entwickelte, das durch Logik, Kritik und Vernunft gekennzeichnet ist. Leibnitz war Protestant und träumte von der Aussöhnung und Wiedervereinigung der beiden christlichen Bekenntnisse. Als Philosoph beschäftigte er sich vornehmlich mit Metaphysik.

Die Welt besteht für ihn aus kleinsten punktförmigen Kraftzentren (Monaden, nach dem griechischen Wort für Einheit „monás"), die alle Gegenstände formen. Die Monaden sind in unterschiedlichem Maße beseelt. Die niederen Monaden (die anorganische Welt) haben nur unbewusste Vorstellungen. Darüber erhebt sich die Welt des Lebendigen, deren Monaden schon einige deutliche Vorstellungen besitzen. Die Monaden im Menschen sind teilweise verworren und teilweise mit Bewusstsein ausgestattet. Gott aber, die Urmonade, hat ausschließlich deutliche Vorstellungen. Er sieht die Wirklichkeit so, wie sie in Wahrheit ist: als das große Reich der Monaden. Gott hat jede Substanz so geschaffen, dass sie zwar ihren eigenen Gesetzen folgt, zugleich aber auch mit den anderen in Übereinstimmung bleibt. Leibnitz nennt dies eine von Gott im Voraus angelegte „prästabilisierte" Harmonie.

Auch Leibnitz konnte die Tatsache des Bösen und des Übels in der Welt nicht Übersehen. Es ist das Problem der Rechtfertigung Gottes, der Theodizee, die das Zeitalter besonders beschäftigte, und die schon Jakob Böhme aufgeworfen hatte. Leibnitz war überzeugt, dass Gott die beste alle möglichen Welten erschaffen hat. Denn gäbe es noch eine bessere Welt, hätte Gott sie entweder nicht gekannt, dann wäre er nicht allwissend, oder er konnte sie nicht erschaffen, dann wäre er nicht allmächtig. Da Gott die Welt erschaffen hat, muss sie auch endlich sein, sonst wäre sie ja Gott gleich. Geschaffene Wesen in ihrer Unvollkommenheit, müssen notwendig auch versagen und sündigen, zumal ihnen Gott die Gabe der Freiheit verliehen hat. Das moralische Übel ist der Preis für die Freiheit des Menschen. Leibnitz postuliert dem Menschen eingeborene Ideen und Wahrheiten, die durch Vernunft aktiviert werden. Gott ist gleichsam der große Mathematiker, der alles kalkuliert, was Welt wird, der die inneren Gesetze für jede Monade entwirft und die Gesamtheit aller Monaden aufeinander abstimmt. Hundert Jahre später nennt Hegel (1771 – 1831) die Monadenlehre einen „metaphysischen Roman"

Montesquieu (1689 - 1755)

Gott ist nicht notwendig

Bevor die literarische Karriere von Montesquieu begann, war er Gerichtspräsident in Bordeaux. Die Macht- und Prachtentfaltung des „Sonnenkönigs" Ludwig XIV. hatte Frankreich in den Staatsbankrott getrieben und die Französische Revolution vorbereitet. In seinem Hauptwerk „Vom Geist der Gesetze", das 1748 erschien, befasste sich Montesquieu mit Gesetzen, Regierungsformen und Regierungsführung, aber auch mit wirtschaftlichen und religiösen Fragen. Die wichtigste Voraussetzung, um Freiheit und Sicherheit des Einzelnen vor staatlicher Willkür zu schützen, ist für ihn die Teilung der staatlichen Gewalten in Legislative, Exekutive und Judikative, die heute zum Kernbestand jedes Rechtsstaates gehört. Das Prinzip der Gewaltenteilung hat Montesquieu von John Locke übernommen und um die Jurisdiktionsgewalt ergänzt.

Durch seine historischen Studien hat Montesquieu ein Geschichtsbild gewonnen, das ohne Gott auskommt. Für ihn, den Aufklärer, war die Vernunft der vollkommenste, edelste und erlesenste aller Sinne. Gleichwohl erkannte er den Glauben an das Übernatürliche zur Unterstützung des Sittengesetzes an. Heilige Schriften können als Regelwerk dienen, das religiöse Gesetz kann das staatliche ergänzen. Doch Staat und Kirche sollten immer getrennt bleiben. Während Montesquieu die Nützlichkeit des Glaubens an eine übernatürliche Ordnung grundsätzlich betont, kritisiert er den Reichtum der Kirche, ihren Anspruch auf weltliche

Macht, die Ketzerverbrennungen und die Unfehlbarkeit des Papstes.

Voltaire (1694 - 1778)

Gott muss existieren

Noch mehr als Montesquieu gilt sein Zeitgenosse Voltaire als Verkörperung der französischen Aufklärung, als großer Vorkämpfer für Vernunft, Toleranz und Menschenrechte. Er hatte großen Erfolg als Dramatiker. Voltaire glaubte an Gott, lehnte die verschiedenen Religionen und Theologien jedoch ab. Jedermann, der angenehme Empfindungen hat, müsse ein wohltätiges, höchstes Wesen anerkennen. Wenn Gott nicht existierte, müsste man ihn erfinden. Diese Denkrichtung, der Deismus, war typisch für die Zeit der Aufklärung, in der man sich bemühte, die Religion mit der Herrschaft der Vernunft in Einklang zu bringen. Gott hat zwar die Welt geschaffen, greift in den Weltenlauf jedoch nicht ein. Für Voltaire gab es keine andere göttliche Offenbarung als die Gesetzmäßigkeiten der Natur. Allerdings kann der Mensch nicht erkennen, woher er kommt, was er ist und wohin er geht. Ein intelligenter Mensch braucht die Religion nicht als moralische Stütze. Voltaire kämpfte gegen religiösen Fanatismus und Aberglauben, womit er die Religion und ihre Dogmen meinte. Er lehnte alle Dogmen des traditionellen Christentums als Vorurteile ab, auch die des Protestantismus. Er kritisierte die Bibel und den heiligen Augustinus. Er machte sich über die Dreieinigkeit lustig, doch Christus und seine Ethik waren für ihn verehrungswürdig.

David Hume (1711 - 1776)

Gott gibt es nicht

Nach dem Tode von John Locke hat neben anderen der Schotte David Hume dessen empirische Philosophie weiter entwickelt. Wie Locke ging auch Hume davon aus, das es keine angeborenen Ideen gibt, und alles Wissen aus der Erfahrung stammt. Auch unser Wissen über Naturvorgänge, über den Zusammenhang wahrgenommener Tatsachen, ist jedoch kein sicheres Wissen, da wir nur glauben, dass der Naturvorgang auch in Zukunft so bleiben wird, wie wir ihn erkannt haben. Auch moralische Grundsätze sind für ihn nicht übernatürliche Enthüllungen, aber auch nicht ursprünglich Schlussfolgerungen der Vernunft. Die Menschen würden nicht durch Vernunft zu sittlichem Handeln motiviert, sondern zunächst durch Empfindungen und Gefühle. Durch die Beobachtung ihrer Umgebung eignen sich die Menschen ihre Normen für Lob und Tadel an und wenden diese Maßstäbe zunächst bewusst oder unbewusst auch auf ihr eigenes Verhalten an. Diese Erfahrung und nicht die Stimme Gottes ist für Hume der Ursprung des Gewissens.

Hume war Atheist. Er glaubte nicht an Gott, widerlegte die Gottesbeweise und leugnete die Unsterblichkeit der Seele. Den Anspruch der Religionen, dem Menschen eine „Überwelt" zu vermitteln, hielt er für illusorisch. Er war der Ansicht,

der selbständig denkende Mensch bedürfe keiner Religion, er könne aus Ver-
nunftgründen sittlich richtig handeln.
Anders verhalte es sich bei der Menge
der nicht selbständig Denkenden. Für sie
könne die Religion durchaus ein Antrieb
zum sittlichen Handeln sein. Doch leider
zeige die Wirklichkeit, wie sie in der Zer-
rüttung durch die Religionskriege deutlich
würde, dass die Menge nur allzu leicht zu
Aberglauben, scheinheiliger Frömmigkeit
und Fanatismus neige. Die großen mono-
theistischen Religionen hätten immer
weniger mit Tugend zu tun, für sie sei die
Befolgung von Riten und blinder Glaube
entscheidend. Die katholische Kirche
setzte alle seine Schriften auf den Index.

Jean-Jacques Rousseau (1712 - 1778)

Das Gefühl sagt mir, dass es Gott gibt

Als Rousseau 37 Jahre alt war, beteiligte
er sich an einem Preisausschreiben der
Akademie in Dijon, gewann den Preis und
wurde mit einem Schlag berühmt. Vier

Jahre später stellte die Akademie in Dijon eine neue Preisfrage: „Welche Ursache hat die Ungleichheit der Menschen, und ist sie in der Natur begründet?" Rousseau beteiligte sich wieder, und seine neue Abhandlung erregte noch mehr Aufsehen als die erste. Im krassen Gegensatz zu John Locke meinte Rousseau, Eigentum vernichte die Freiheit. Er hielt die Einführung des Privateigentums für den eigentlichen Sündenfall der Menschheit, mit dem das natürliche, urkommunistische Paradies zu Ende ging und Unfreiheit, Ungleichheit, Neid und Missgunst begannen. Rousseau sandte seine Abhandlung auch an Voltaire, der sich bedankte und ihm zurückschrieb: "Nie zuvor ist so geschickt versucht worden, uns alle dumm zu machen".

Rousseau glaubte, dass die Menschen ursprünglich in einem menschenwürdigen Naturzustand gelebt hätten, aus dem sie im Laufe der Geschichte herausgetreten seien. Der Mensch sei von Natur aus gut. In diesem Glauben wurzelt auch sein Religionsverständnis. Für die Religion bedürfe es keiner Offenbarung. Die Menschen sollten nur auf das hören, was Gott zum Herzen spricht, denn es gäbe nur eine einzige Religion auf dieser Welt. Rousseaus Religion beruht auf dem Gefühl. Auch die Wahrheit liegt primär nicht im Denken, sondern im Fühlen, in der Gewissheit des Herzens. Damit erschüttert Rousseau die Grundlagen, auf denen die Aufklärung beruht. Das Gefühl sagt mir, dass es Gott gibt. Mehr ist nicht notwendig und mehr zu erkennen ist auch nicht möglich. Die Frage nach der Existenz Gottes könne durch die Vernunft nicht beantwortet werden. Da wir zwischen Glauben und Unglauben wählen können, warum sollten wir einen tröstenden Glauben ablehnen? Die Lehre von der Erbsünde und von der Erlösung durch Christus lehnte Rousseau ab, das Alte Testament erkennt er nicht als Gottes Wort an und auch im Neuen Testament stecke viel Unglaubwürdiges, doch sei es das am meisten bewegende und inspirierende Buch.

Rousseaus Buch „Der Gesellschaftsvertrag" beginnt mit dem Satz „Der Mensch ist frei geboren, und dennoch liegt er in Ketten". Danach könnte man meinen, die Freiheit der Menschen sei für ihn das höchste Ziel, in Wirklichkeit ist es jedoch ihre Gleichheit, und sei es auf Kosten ihrer Freiheit. Gleichheit und Freiheit sind für Rousseau die beiden Ziele, auf die das Wohl aller zurückzuführen ist. Da die Kraft der Freiheit im Menschen dazu neigt, die Gleichheit der Menschen zu zerstören, muss der Gesetzgeber zugunsten der Gleichheit regelnd eingreifen. Bei Locke wird die individuelle Freiheit durch das Eigentum garantiert. Das kommt für Rousseau nicht in Frage. Er fordert, dass sich die Menschen dem „Gemeinwillen", der „volonté générale" unterwerfen müssen. Das war für ihn eine Art objektives Gesamtinteresse, nicht der demokratische Mehrheitswille. Wer sich weigert, diesem Kollektivwillen zu gehorchen, muss durch den Staat zum Gehorsam gezwungen werden.

Mit diesen Theorien, in denen das Gefühl über dem Denken steht, war Rousseau der Vorbote von „Sturm und Drang" und der deutschen Romantik. Seine politischen Vorstellungen führten zur Französischen Revolution und wirkten fort im utopischen und revolutionären Sozialismus von Karl Marx. Heute wird bei uns das Spannungsverhältnis zwischen Freiheits- und Gleichheitsrechten durch das Sozialstaatsprinzip überbrückt, das durch eine von der Mehrheit gewählte Regierung konkretisiert werden muss.

Immanuel Kant (1724 - 1804)

Auch die Nichtexistenz Gottes ist nicht beweisbar

Kant wurde mit 46 Jahren in Königsberg Professor für Metaphysik und Logik. Eine Metaphysik, die sich als Wissenschaft von den transzendenten Dingen versteht, ist für ihn nicht möglich, da echte Wissenschaft nur auf Erkenntnissen beruhen kann, denen objektive, wahrnehmbare

Erfahrungen zugrunde liegen. Die drei wichtigsten metaphysischen Fragen nach Gott, Freiheit und Unsterblichkeit sind transzendent, liegen also außerhalb der objektiven Erfahrung und außerhalb dessen, was durch die reine Vernunft erkannt werden kann. Doch wenn sich die Existenz Gottes auch nicht beweisen lässt, das Gegenteil lässt sich ebenso wenig beweisen. Trotzdem ist Religion für Kant möglich und nützlich. Anstatt die Moral von Gott abzuleiten, leitet er Gott aus dem angeborenen Moralgefühl, aus dem kategorischen Imperativ ab: Handle so, dass die Maxime deines Willens jederzeit das Prinzip der allgemeinen Gesetzgebung werden kann. Dieses moralische Gesetz in uns kann zwar nicht durch die reine, wohl aber durch die praktische Vernunft erkannt werden. Die beste Religion zeichnet sich nicht durch die sorgfältige Beachtung ritueller Glaubenssätze, sondern dadurch aus, dass sie den Menschen zu einem moralischen Leben anhält. Das Christentum hält Kant für die einzige moralisch vollkommene Religion.

Johann Wolfgang Goethe (1749 - 1832)

Gott kann nicht erklärt werden

Goethes Gottesbild entsprach weitgehend dem von Spinoza. Das große Wesen, das wir Gott nennen, kann nicht mit menschlichen Vorstellungen erklärt werden, da es nicht nur im Menschen, sondern auch in der gewaltigen Natur und in mächtigen Weltbegebenheiten zum Ausdruck kommt. Aus der Sicht von Goethe begriff Jesus den alleinigen Gott, dem er alle die Eigenschaften zulegte, die er als Kennzeichen der Vollkommenheit ansah, zu eng. Seine darüber hinaus gehenden, pantheistischen Empfindungen beschrieb Goethe mit den folgenden Worten des Faust: „Der Allumfasser, der Allerhalter, fasst und erhält er nicht Dich, mich sich selbst? …Nenns Glück! Herz! Liebe! Gott! Ich habe keinen Namen dafür! Gefühl ist alles; Name ist Schall und Rauch…". Was Goethe besonders aufbrachte, war die Betonung der Sünde und der Reue im Christentum.

Johann Gottlieb Fichte (1762 - 1814)

Gott ist die sittliche Weltordnung

Als Professor in Jena entwickelte Fichte seine Philosophie, die er „Wissenschaftslehre" nannte. Fichte ist bestrebt, dass menschliche Wissen aus einem ersten, absoluten Grundsatz abzuleiten. Dieses höchste Prinzip ist für ihn das Ich mit seiner schöpferischen Freiheit, aus dessen geistiger Produktivität Fichte alle Erkenntnis ableitet. Das Ich ist allerdings keine natürliche Person, sondern ein transzendentales Ich. Alle Dinge um uns herum existieren in Wahrheit gar nicht, es sind nur Bilder des freien, schöpferischen Ich. Das war der Grundgedanke des deutschen Idealismus: Es existiert nur das Ideelle, das Geistige, das Ich in seiner Freiheit. Wenn alles, was zu existieren scheint, sich in bloße Vorstellung auflöst, kann dann das Ich als Einziges sich diesem Schicksal entziehen?

Das Erschrecken vor der völligen Auflösung von Welt und transzendentalem Ich führt Fichte dazu, noch tiefer über die Freiheit des Ich nachzudenken. Er entdeckt, dass die Freiheit des Ich ihrem Untergang nur entgehen kann, wenn sie ursprüngliche Schranken findet, wenn sie sich als begrenzte Freiheit begreift. Man mag die gegenständliche Welt als bloße Vorstellung des Ich begreifen, so gibt es doch in der Welt nicht bloß die Dinge, sondern auch die anderen Menschen. Der Gedanke der Freiheit zwingt Fichte dazu, auch in den anderen Menschen freie Persönlichkeiten zu sehen. Damit muss sich auch der Ansatz seines Denkens ändern. Er erkennt, dass wir von unserer Freiheit keinen beliebigen Gebrauch machen können. Mit der Gleichheit der Menschen müsse Ernst gemacht werden. Er entwickelt eine sozialistische Staatsutopie und ist damit ein Vorläufer von Marx. Wenn der Mensch die Begrenzung der Eigenmächtigkeit seiner Freiheit auf sich nimmt, gelangt er über sich hinaus. Er erblickt im tiefsten Grunde seines Ich das wahre Absolute: die Gottheit. An die Stelle des absoluten Ich tritt so der absolute Gott. Gott ist selbst die sittliche

Weltordnung. Das ist die große Kehrt-
wende im Denken Fichtes. Gott allein ist,
und außer ihm ist nichts. Leben in Gott ist
frei sein in ihm, das ist das Ergebnis der
Freiheitslehre Fichtes. Sie brachte ihm
den Vorwurf des Atheismus und die Ent-
lassung als Professor in Jena ein.

Friedrich Schelling (1775 - 1854)

Gott ist Natur und Geist

Schelling wurde mit 23 Jahren durch
Vermittlung Goethes Professor für Philosophie in Jena, danach erhielt er einen
Ruf nach Würzburg, München und Berlin.
Aus seinem Verständnis der Wirklichkeit
kehrte er den Denkansatz von Fichte um:
nicht die Natur ist das Produkt des Geistes, sondern der Geist ist das Produkt der
Natur. Dieser Geist ist unabhängig von
unserem Ich, also objektiv vorhanden.
Schelling bezeichnete deshalb Fichtes
System als subjektiven und sein eigenes
als objektiven Idealismus. Schelling wei-
tete seine Naturphilosophie aus: Natur

und Geist sind eins. Dieses Eine nennt er das Absolute oder Gott. Durch Natur und Geist vollzieht sich die Verwirklichung Gottes. Am Ende dieses Geschehens steht für Schelling die Kunst, in der Natur und Geist sich versöhnen. Es geht ihm darum, mit Gott in uns, Gott außerhalb von uns existierend zu begreifen. Geschichte ist für Schelling die Selbstoffenbarung Gottes mit dem Ziel einer Synthese von Welt und Gott in der Religion. Schelling fand viel Zustimmung, insbesondere unter den Romantikern, aber für viele blieb er unverständlich. Hegel warf ihm eine intuitive Erkenntnislehre vor, die nicht für jeden nachprüfbar sei.

Georg Wilhelm Friedrich Hegel (1770 - 1831)

Gott ist Weltgeist, Wahrheit und Vernunft

Von Schelling wurde Hegel als Privatdozent nach Jena gerufen, in die Stadt, die damals als der Vorort der Philosophie galt. Mit 46 Jahren wird Hegel endlich Professor, zunächst in Heidelberg, dann in Berlin als Nachfolger Fichtes, wo er in kurzer Zeit zu *dem* Philosophen Deutschlands avancierte und mit 61 Jahren an der Cholera starb. Hegel vollzieht zwischen dem subjektiven Idealismus Fichtes und dem objektiven Idealismus Schellings die Synthese, indem er seinen „absoluten Idealismus" darüber setzt. Der gesamte Weltprozess bedeutet für ihn die Selbstentfaltung des Geistes. Und die Philosophie hat die Aufgabe, diese Selbstentfaltung zu erläutern, bei der er drei Stufen unterscheidet.

Die unterste Stufe nennt Hegel den subjektiven Geist. Hier geht es um das Leben den einzelnen Menschen, in dem sich der Geist seiner selbst bewusst wird. Die nächste Stufe ist das Reich des objektiven Geistes, das Gebiet der Ethik. Es umfasst Familie, Gesellschaft, Staat und deren Geschichte. In der dritten Stufe wird der subjektive und der objektive Geist überwölbt vom absoluten Geist. Sein Reich ist die Kunst, die Religion und die Philosophie. Über der Kunst, bei der es um die gegenständliche Harmonie geht, steht die Religion mit der erstrebten inneren Harmonie. Die höchste Stufe ist die Philosophie, die das in der Kunst Angeschaute und das in der Religion Vorgestellte in die reine Form des Gedankens umsetzt.

Für Kant war die Autonomie der sittlichen Einzelpersönlichkeit das Höchste. Für Hegel sind Individuen, Völker und Epochen nur notwendige Durchgangsstadien im weltgeschichtlichen Prozess, der die Selbstentfaltung des objektiven Geistes darstellt. Der Weltgeist, gleichzusetzen mit Wahrheit, Gott, Vernunft, bedient sich der Welt, um sich seiner bewusst zu werden. Der werdende Gott benutzt die Weltgeschichte, um seine Vernunft durchzusetzen. Göttlichkeit besteht in der reinen, grenzenlosen Vernunft. Die Weltgeschichte muss vernünftig sein. Zeiten des Unrechts sind nur Umwege. Ihre höchste Bewusstseinsstufe erreichte die Weltvernunft für Hegel bei den zum Christentum bekehrten Germanen, die im Besitz der ganzen göttlichen Wahrheit seien und bei denen sich die Freiheit des Menschen verwirklicht habe.

Für Hegel verkörpert der Staat den Willen Gottes. Alles was der Mensch ist, verdankt er dem Staat. Der Staat ist die Wirklichkeit der konkreten Freiheit. Er ist gut und steht über dem Individuum. Den preußischen Staat sieht Hegel als die letzte Stufe der göttlichen Vernunft an, der Weltgeist habe in Preußen sein Ziel, die Entfaltung der absoluten Wahrheit, erreicht. Welch ein Gegensatz war das zur Staatsauffassung von John Locke, die dem modernen Verfassungsstaat zugrunde liegt. Der totale Staat hat in Hegels Philosophie seine Wurzel. Hegels Weltgeist ist Spekulation.

Auguste Comte (1798 - 1857)

Das Nachdenken über Gott ist nutzlos

Auguste Comte wurde in Montpellier geboren und arbeitete als Privatgelehrter in Paris. Von ihm stammt der für die weitere geistesgeschichtliche Entwicklung bedeutsame Begriff des Positivismus, der die Absage an die Metaphysik beinhaltet. Die Philosophie darf nur von den tatsächlichen Gegebenheiten, vom Positiven, ausgehen, alle Erörterungen darüber hinaus sind nutzlos. So verzichtet das Wissen auf eine Antwort auf die Frage nach dem Woher und Wohin des Menschen. Damit war der Anfang der Philosophie als Wissenschaftstheorie begründet.

Der Fortschritt der Menschheitsgeschichte lässt sich für Comte am „Dreistadiengesetz" der Wissenschaftsentwicklung am besten illustrieren. Im ersten Stadium, dem theologischen, führen die Menschen, die nach einer Erklärung für die Naturphänomene suchen, diese auf die Einwirkung göttlicher Wesen zurück. Von der primitiven, magischen Verehrung der Natur gelangen sie über den Polytheismus zum Monotheismus. Im zweiten, dem metaphysischen Zustand, wird Gott durch abstrakte Begriffe ersetzt, die zum Thema philosophischer Kontroversen werden. Im dritten, dem wissenschaftlichen oder positiven Stadium, erkennt der Mensch dann, das über das Transzendente nichts Sicheres gesagt werden kann. Es gelten nur noch die für jedermann überprüfbaren Tatsachen. Die Philosophie hat die Aufgabe, metaphysische Vorurteile zu beseitigen und die gesamten wissenschaftlichen Kenntnisse der Zeit zusammenzufassen.

Ludwig Feuerbach (1804 - 1872)

Gott ist Wunschvorstellung der Menschen

Wie Sören Kierkegaard in Dänemark übte auch Ludwig Feuerbach, der als Privatgelehrter bei Ansbach und in Nürnberg arbeitete, Kritik an Hegel. Den absoluten Geist Hegels lehnte er als metaphysische Spekulation ab. Feuerbach beschreibt die Ideen von Gott und Religion als idealistische Wunschvorstellungen der Menschen. Nicht Gott habe die Menschen, sondern die Menschen hätten Gott und die Götter nach ihrem Bild erschaffen. Die Bibel widerspreche der Wahrheit, der Vernunft und sich selbst. Die Religion beruhe auf einem Abhängigkeitsgefühl gegenüber der Natur. Sieht man Gott als die entscheidende Instanz an, dann ist die Natur nur ein Scheinwesen. Geht man aber von der Selbständigkeit der Natur aus, dann ist Gott überflüssig. Feuerbach will den Menschen von der Illusion Gottes befreien und ihm die Freiheit wiedergeben, die ihn zum wahren Menschen macht. Solange der Mensch an Gott glaubt, ist er nicht in der Lage, sein wahres Wesen zu begreifen, das darin besteht, dass er selbst Herr seines Schicksals ist.

Das ethische Vakuum, das durch die Auflösung des Gottesbegriffs und die Betonung der Selbstverantwortlichkeit des Menschen seit der Aufklärung entstanden war, füllte dann Nietzsche (1844 – 1900) aus, der zu der Erkenntnis gekommen war: Gott ist tot, wir haben ihn getötet. Zur Überwindung des aufkommenden Nihilismus und der Vermassung der

Menschen entwickelte er seine Lebens-
philosophie des „Übermenschen", der
alle in ihm steckenden Kräfte zur Bildung
einer neuen, auf den Elitegedanken ge-
gründeten Humanität und dem Willen zur
Macht nutzt. Mit dieser Idee konnten die
Nationalsozialisten Nietzsche zum Propheten ihrer Weltanschauung machen,
obwohl er ein Kritiker des Antisemitismus
und des Nationalismus war.

William James (1842 - 1910)

Gott existiert, weil er nützlich ist

William James wurde mit 30 Professor an
der Harvard-University in Cambridge
(Massachusetts.), zunächst für Physiolo-
gie, dann für Psychologie und schließlich
für Philosophie. Wenige Jahre nach
Nietzsches Tod veröffentlichte er als
Amerikaner zum ersten Mal ein philoso-
phisches Werk, das international Beachtung fand und heute im Hinblick auf die
göttliche Erfahrung wissenschaftlich dis-

kutiert wird: „Pragmatismus – Ein neuer Name für alte Denkmethoden".

Dem Pragmatismus liegt ein besonderer Begriff der Wahrheit zugrunde. Wahr ist das, was sich durch seine praktischen Konsequenzen bewährt, was für den Menschen nützlich ist. Erkenntnis besteht aus Überzeugungen, die wir gebildet haben und denen wir zu folgen bereit sind. Danach gibt es keine objektive Erkenntnis, sondern nur Glaube und Überzeugung. Wissen ist danach letztlich Glaubenssache. Diese Denkmethode ist allerdings mit der modernen Wissenschaftstheorie des Wertrelativismus nicht vereinbar, die zwischen Wissen und Glauben, zwischen Sein und Sollen trennt und nur das als wissenschaftlich anerkennt, was intersubjektiv austauschbar (transmissibel) ist.

In seiner Schrift „Die Vielfalt religiöser Erfahrung" legt James dar, dass die religiöse Erfahrung keine Selbsttäuschung und auch kein unerklärliches Mysterium ist. Sie ist tatsächlich vorhanden, kann psychologisch erklärt werden und führt bei zahlreichen Menschen zu der Überzeugung, nur ein Gott könne der Schöpfer dieser Welt sein. Solange sich die persönlichen religiösen Vorstellungen für einen Menschen bewähren, werden sie für ihn zur Wahrheit. Der Pragmatismus erweitert somit das Gebiet, auf dem man Gott suchen kann. Er würde auch mystische Erfahrungen gelten lassen, wenn sie nützlich wären. Wenn sich theologische Ideen und insbesondere der Gottesbegriff bewähren, dann kann der Pragmatismus die Existenz Gottes nicht leugnen.

Karl Jaspers (1883 - 1969)

Gott kann nur geglaubt werden

Karl Jaspers studierte zunächst Jura und Medizin, es zog ihn aber zur Philosophie. Mit 40 wurde er schließlich Ordinarius für Philosophie in Heidelberg, obwohl er das Fach nicht studiert hatte. Seine Philosophie wird vom Interesse an der Existenz der Menschen geleitet, sie ist für ihn

„Kümmern um uns selbst" und erhielt von diesem Denkansatz den Namen „Existenzphilosophie". Jaspers sieht den Menschen auf äußerste gefährdet, durch Technik und Massendasein, durch die Zerstreuung im lauten Alltag und durch inhumane Lebensverhältnisse. Noch bedrängender erfährt der Mensch die Grenzen seines Daseins im Gedanken an den Tod und durch die Erfahrung der Unausweichlichkeit von Schicksal, Kampf, Leiden und Schuld.

In diesen Grenzsituationen muss der Mensch die Unbegreiflichkeit seines Daseins bejahen, er muss sich entscheiden, was wesentlich für ihn ist, dann gelangt er mit Hilfe der Kommunikation und seiner Freiheit zum Handeln zu sich selbst. In der äußeren Situation des Scheiterns kann der Mensch eine Hilfe erfahren, die nicht aus der Welt und nicht aus ihm selbst kommt. Jaspers nennt das die Transzendenz, das Umgreifende und gelegentlich auch Gott. Gott ist kein Gegenstand des Wissens, auch nicht der sinnlichen Erfahrung. Durch das Nachdenken über Gott wird seine Existenz nur immer fragwürdiger. Gott ist unsichtbar, kann nicht geschaut, sondern nur geglaubt werden. Die Idee des Christentums, dass Gott Mensch geworden ist, hielt Jaspers für Gotteslästerung.

Ludwig Wittgenstein (1889 - 1951)

Gott ist der unaussprechliche Sinn der Welt

Ludwig Wittgenstein wurde in Wien geboren, begann ein Ingenieurstudium in Berlin und Manchester, studierte danach Mathematik und Philosophie in Cambridge, kehrte nach Kriegsende nach Cambridge zurück und wurde dort 1939 auf den Lehrstuhl für Philosophie berufen. Wittgenstein war der Meinung, dass in der Philosophie viele Probleme durch sprachliche Ungenauigkeit und Schlamperei entstehen. Er kam zu dem Ergebnis, worüber man nicht klar sprechen kann, darüber muss man schweigen. Dieses Prinzip kann letztlich nur auf die Naturwissenschaften zutreffen. Von dem Geschwätz über Ethik hält er nichts. Zu diesem Unaussprechlichen gehört auch der Sinn des Lebens und der Welt. Wissenschaftlich nicht fassbar und darum mystisch ist für ihn ebenfalls der Begriff Gott. Gott ist innerhalb der sichtbaren Wirklichkeit nicht zu finden. Aber er ist der außerweltliche Sinn und der Garant der Welt. Gott ist, wie sich alles verhält, er ist unser Schicksal.

Mit Wittgenstein endet die traditionelle Philosophie mit ihrem vertieften Nachdenken über Gott. Die großen Denker wenden sich jetzt auf der Grundlage empirischer Forschung hauptsächlich den sozialen Fragen der Menschen zu. Es geht um Probleme der gerechten Einkommens- und Vermögensverteilung und um das Spannungsverhältnis von Freiheit und Gleichheit, das bereits bei Locke und Rousseau deutlich wird. Marxismus, Neomarxismus und Sozialphilosophie beherrschen die Diskussion. Knapp hundert Jahre nach Ludwig Wittgenstein stellt Günter Rohrmoser wieder die Frage, aus welchen inneren Kräften heraus die Ethik und die Werte erwachsen, die eine Gesellschaft zusammenhalten und die Geschichtslosigkeit der Naturwissenschaften, die keine Antwort auf die Frage nach dem Lebenssinn geben, überwinden können.

Günter Rohrmoser (1927 - 2008)

Mit dem Christentum dem Verfall der Gesellschaft entgegenwirken

Günter Rohrmoser habilitierte sich nach dem Studium von Philosophie, Theologie, Geschichte, Germanistik und Nationalökonomie in Köln und war dann Ordinarius für Philosophie in Münster und Stuttgart-Hohenheim. Er setzte sich kritisch mit dem Neomarxismus der Frankfurter Schule von Theodor W. Adorno (1903 – 1969), Herbert Marcuse (1898 – 1979) und Jürgen Habermas (*1929) auseinander, der von ihnen „kritische Theorie" genannt wurde. Die Frankfurter Schule, die behauptet, in der Industriegesellschaft der Bundesrepublik Deutschland habe sich eine neue Form totalitärer Herrschaft gebildet, sei eine Antwort schuldig geblieben auf die Frage, wie diese angeblich unvernünftige Gesellschaft erfolgreich verändert werden könne. Die „kritische Theorie" der Frankfurter Schule habe zu einer weitgehenden Rehabilitierung des klassischen Marxismus und Kommunismus in der Bundesrepublik geführt, die in der Praxis gescheitert seien. Bezeichnend sei vor allem der Anspruch der „kritischen Theorie", allein über die wissenschaftlichen Voraussetzungen zur Analyse und zur Interpretation der gesellschaftlichen Wirklichkeit zu verfügen.

Rohrmoser ruft die Gesellschaft auf, zu den christlichen Werten von Freiheit, Gleichheit und Nächstenliebe zurückzufinden. Nur so könne dem zu beobachtenden Werteverfall begegnet werden. Die innere Stabilität, die unsere Gesellschaft brauche, könne nur aus dem Begreifen des Christentums kommen. Das Christentum sei die Quelle gewesen, aus der alles Ethos der abendländisch - europäischen Welt entsprungen sei, und niemand sei bisher in der Lage gewesen, hierfür einen Ersatz zu benennen. Aus den Alternativen zum Christentum seien der Nationalsozialismus mit dem Holocaust und der Kommunismus mit 100 Millionen Toten hervorgegangen.

3. Aktuelle Diskussion

Die Frage nach einer gerechten Ordnung und einem glücklichen, sinnvollen Leben, die von der traditionellen Philosophie mit der Frage nach Gott verbunden wird, stellt sich im Laufe der Geschichte immer wieder neu, weil sich die tatsächlichen Gegebenheiten auf der Welt in ständigem Wandel befinden. Nach dem Sieg der Aufklärung und dem Untergang des hierarchisch organisierten Heiligen Römischen Reiches Deutscher Nation (1806), an dessen Spitze Päpste und Kaiser standen, fragen die großen europäischen Denker nicht mehr in erster Linie nach einer von Gott oder der Natur vorgegebenen Ordnung, sondern nach der vom menschlichen Verstand zu begreifenden Gerechtigkeit. Der Glaube an die traditionellen Autoritäten und deren Herrschaftsanspruch ist durch den Wertrelativismus abgelöst worden, der auf die Forschungen des österreichischen Professors an der London School of Economics, Karl Popper (1902 – 1994), zurückgeht und

heute als wissenschaftliche Methode weitgehend anerkannt wird.

Wissenschaftlicher Wertrelativismus

Der wissenschaftliche Wertrelativismus unterscheidet zwischen den gegenständlichen Dingen in der Welt, die wir erkennen und begreifen können, dem Sein, und den Zielen und Wünschen der Menschen, dem Sollen. Wer nach dem Guten und Gerechten, nach dem Sinn des Lebens fragt, sucht nach Regeln für das menschliche Verhalten, nach Normen, die zwischen Gut und Böse unterscheiden und ein Sollen oder Dürfen enthalten. Solche Wertvorstellungen können auf kultureller Erfahrung, religiöser Überzeugung, philosophischen Thesen oder Geschichtsdeutung beruhen. Man nennt diese Regelsysteme mit schwankendem Sprachgebrauch Moral oder Ethik. Die Ethik ist die reflektierte Suche nach dem Guten. Sie wird vielfach als philosophische Untersuchung über die Moral verstanden. Vereinfachend kann man sagen, dass sich ethische Vorstellungen erst zur Moral, dann weiter zu Sitte und Gebräuchen und schließlich zu Rechtsüberzeugungen der Menschen entwickelt haben.

Die Frage nach dem Geltungsgrund dieser Wertvorstellungen ist so alt wie unsere abendländische Philosophie und Zivilisation. Die moderne Wissenschaftstheorie erklärt ihn mit dem gemeinsamen Wollen

der betroffenen Menschen. Ausgangspunkt der Überlegung ist die Erkenntnis,
dass Wertvorstellungen nicht beweisbar
sind. Es gibt danach keine Verhaltensregeln, die wissenschaftlich unumstößlich
richtig sind. Es gibt keine vorgegebenen
absoluten Werte, die ohne Einschränkung
beachtet werden müssen. Um diese Aus-
sage besser begreifen zu können, muss
erläutert werden, was „wissenschaftlich"
bedeutet. Eine Antwort gibt die Lehre
vom wissenschaftlichen Wertrelativismus.

Nach dieser Lehre kann nur das als wissenschaftlich richtig bewiesen werden,
was alle Menschen erkennen und begreifen können, was über den Verstand
intersubjektiv ausgetauscht werden kann.
Das kann immer nur etwas sein, das existiert, nicht aber das, was sein soll. Vom
Sein kann logisch nicht auf ein Sollen
geschlossen werden. Folglich sind nur
solche Verhaltensregeln (Sollens-Sätze,
Werturteile) richtig, deren Geltung von
allen betroffenen Menschen gewollt ist,
mit anderen Worten: an deren Richtigkeit

man glaubt. Da wir aus der geschichtlichen Erfahrung aber wissen, dass es nur in den seltensten Fällen von allen betroffenen Menschen anerkannte Normen und Gerechtigkeitsvorstellungen gibt, begnügen wir uns in der Demokratie mit Mehrheitsentscheidungen über das Gebotene und schützen die unterlegene Minderheit mit Grundrechten.

Gerechtigkeit

Die Idee der Gerechtigkeit hat eine subjektive und eine objektive Seite. Im subjektiven Sinn ist die Gerechtigkeit eine Tugend des Einzelnen. Wir messen sein Verhalten am Maßstab von Demut, Redlichkeit, Wahrheit, Barmherzigkeit und Nächstenliebe. Objektiv verstanden bezeichnet Gerechtigkeit Zustände und Regelungen im sozialen Zusammenleben, die wir als gut empfinden (soziale Gerechtigkeit). Im Einzelfall wirft die Beurteilung dessen, was eine gute bzw. gerechte Regelung ist, erhebliche Probleme auf. Eine Vielzahl von diskutierten Gerechtigkeitstheorien belegt das. Seit Aristoteles unterscheidet man zwischen austeilender und ausgleichender Gerechtigkeit. Maßstab für die Austeilung von Gütern kann der Gleichbehandlungsgrundsatz oder das Leistungsprinzip sein. Zwischen beiden muss von der zur Austeilung berufenen Instanz sorgfältig abgewogen werden. Auch die ausgleichende Gerechtigkeit ist nicht einfach zu handhaben. In liberalen Gesellschaften wird der Ausgleich von Leistung und Gegenleistung dem Markt überlassen. Das kann aber nur dort gelingen, wo die Vertragsparteien annähernd gleich starke Positionen einnehmen. Auch im Bereich der ausgleichenden Gerechtigkeit sind daher oft Eingriffe notwendig, die wir nur dann als gut oder gerecht bezeichnen, wenn sie sich an der Idee von Nächstenliebe, Brüderlichkeit oder Solidarität orientieren, die man heute mit einem Rechtsbegriff auch Sozialstaatlichkeit nennt.

Die philosophischen Vorstellungen von einer gerechten Lebensordnung werden heute von zwei widerstreitenden Prinzipien beherrscht, die im Ansatz schon bei Platon und Aristoteles erkennbar sind, von Jesus gefordert und im Meinungsstreit zwischen Locke und Rousseau ausführlich diskutiert werden. Sie lassen sich mit den Stichworten Freiheit oder Gleichheit abstrakt kennzeichnen. Für Locke und andere liberale Denker ist die Freiheit des Individuums der höchst Wert. Privateigentum und ein durch Gewaltenteilung kontrollierter Staat sollen sie garantieren. Für Rousseau und andere sozialistische Denker ist es das Prinzip der Gleichheit, das durch staatliche Reglementierung verwirklicht werden soll. Schon in der französischen Revolution, die Freiheit, Gleichheit und Brüderlichkeit forderte, erwies sich bald in der Praxis, dass es sich bei Freiheit und Gleichheit um ein Gegensatzpaar handelt: je mehr Gleichheit, desto weniger Freiheit und umgekehrt. Bekanntlich wurde in Frankreich kurz nach der Revolution die Freiheit der Gleichheit geopfert.

Es ist eine alte Erkenntnis, dass Freiheit und Gleichheit unversöhnliche Prinzipien sind. Bei der angeborenen Ungleichheit der Menschen muss die Herstellung vollständiger Freiheit für den einen naturnotwendig zu Ungleichheiten mit den anderen führen. Umgekehrt muss die Verwirklichung absoluter Gleichheit zwischen den Menschen zwangsläufig zu Lasten der Leistungsfähigeren und Intelligenteren gehen und kann daher nur in ihrer Unfreiheit enden. Neben den ungleichen Fähigkeiten der Menschen machen auch ihre unterschiedlichen wirtschaftlichen Möglichkeiten das Spannungsverhältnis zwischen Freiheit und Gleichheit deutlich. Es liegt auf der Hand, dass der Reiche mehr Möglichkeiten hat, die allen zustehenden Freiheitsrechte auszuschöpfen, als der Arme, der sich eben nur weniger Wünsche erfüllen kann. Erhebliche Unterschiede in den wirtschaftlichen Startbedingungen der Bürger lassen den formalen Gleichheitsgrundsatz daher fragwürdig werden, denn er verfestigt bestehende Ungleichheiten.

Richtig verstandene Freiheit darf ihrem Träger nicht das Recht einräumen, alles zu tun, was ihm irgendwie möglich ist. Sie muss sozialen Bindungen unterliegen, die ein dritt- oder gemeinschaftsschädigendes Verhalten ausschließen. Entsprechend muss auch der Gleichheitsgrundsatz im Sinne einer materiellen Gleichheit verstanden werden, die den Staat zur Herstellung sozialer Gerechtigkeit verpflichtet und Interessengegensätze ausgleicht. Im Konflikt zwischen Gleichheits- und Freiheitsrechten gewährleistet heute das Sozialstaatsprinzip, das insoweit dem Prinzip der Brüderlichkeit der Französischen Revolution und dem christlichen Gebot der Nächstenliebe entspricht, die notwendige praktische Konkordanz der Interessen.

Insbesondere der in Wien geborene Friedrich August von Hayeck (1899 - 1992), der an der London School of Economics Politische Ökonomie und Statistik lehrte und ab 1962 Ordinarius für Volkswirtschaftslehre in Freiburg im Breisgau war, und Elisabeth Noelle-Neumann (1916 - 2010), die Mitgründerin des Instituts für Demoskopie in Allensbach am Bodensee und spätere

Professorin für Publizistik an der Universität Mainz, haben sich ausführlich mit dem Spannungsverhältnis von Freiheit und Gleichheit auseinandergesetzt. Der Gegensatz von Freiheit und Gleichheit entspricht im politischen Sprachgebrauch dem Unterschied von „rechts" und „links". Aus der Gleichheit erwachsen die linken, aus der Freiheit die rechten Werte. Im rechten Wertesystem ist die Freiheit der vorrangige Wert. Das bedeutet Entscheidungsfreiheit, Selbstverantwortung und Risikobereitschaft für den Einzelnen. Im linken Wertesystem hat der Gedanke der Gleichheit größere Bedeutung. Für den einzelnen heißt das mehr Sicherheit und Geborgenheit.

Die Sozialforscherin Noelle - Neumann kommt zu dem Ergebnis, dass die linken Werte, die der Idee der Gleichheit folgen, eher die Passivität des Menschen begünstigen, während die auf den Vorrang der Freiheit gestützten rechten Werte eher die Aktivität und Selbstverantwortlichkeit fördern. Das könnte für den Ausgang des Ringens zwischen rechten und linken politischen Lösungen der gesellschaftlichen Probleme wichtig sein. Die empirische Sozialforschung legt den Gedanken nahe, dass Aktivität, Kreativität und individuelle Überwindung von Schwierigkeiten eher zu einem erfolgreichen, glücklichen Leben und auch eher zu einer stabilen Gesellschaft führen als eine konsequente Verwirklichung der Gleichheit, die Sozialneid und Bürokratisierung zur Folge haben und die wirtschaftliche Entwicklung lähmen kann, wie der Zusammenbruch der sozialistischen Befehlswirtschaft im ehemaligen Ostblock bewiesen hat. Letztendlich geht es in der Praxis um einen vernünftigen Ausgleich des Gegensatzes von Freiheits- und Gleichheitsidee, der dem neuen Bild von der Würde des Menschen entspricht, die bereits in den Zehn Geboten des Alten Testaments zum Ausdruck kommt und von Jesus in der Bergpredigt vertieft worden ist.

4. Das Gottesbild moderner Denker

Vom wissenschaftlichen Wertrelativismus geprägte Denker haben den Versuch unternommen, Gott als eine hinter den Rätseln des Kosmos stehende Kraft zu begreifen, die den Menschen aus seiner Erklärungsnot befreien und ihm Hilfe und Geborgenheit geben kann. Mit diesem Denkansatz wird der philosophiegeschichtliche Pantheismus fortentwickelt (Xenophanes, Stoa, Bruno, Spinoza, Goethe), wonach die Summe des Seienden als Gott zu verstehen ist. In ähnliche Richtung hatte auch der Mystiker Meister Eckhart gedacht. Wegen des Unvermögens der Naturwissenschaft, die Anfangsbedingungen des Universums zu erklären, wird die Frage aufgeworfen, ob es nicht doch ein aller empirischen Beweisbarkeit entzogenes, transzendentes Göttliches gibt.

Mit entgegengesetztem Denkansatz hat der Staatsrechtler Ekkehart Stein (1932 – 2008) ein auf wissenschaftliche Erkenntnis gestütztes Gottesbild entwickelt. Er hat dargelegt, dass sich als Quelle des Seins, die Körper und Weltraum zusammenhält, das menschliche Bewusstsein ermöglicht, und uns zu zielgerichtetem Handeln befähigt, Kraftfelder, insbesondere die Gravitation und elektromagnetische Schwingungen, nachweisen lassen. Diese als Gott zu bezeichnen, fällt dem herkömmlichen Sprachgebrauch schwer. Kraftfelder können die Entstehung der Welt und das Verhalten der Menschen (die Merkmale der Schöpfung) und damit einen Teil des Gottesbegriffs wissenschaftlich erklären, nicht aber die von den meisten Religionen einem Gott (oder mehreren Göttern) zugeschriebenen Eigenschaften als Maßstab und Garant der Moral und Gerechtigkeit.

Literatur zur Vertiefung

Eucken, Rudolf: Die Lebensanschauungen der großen Denker, Reprint, De Gruyter, Berlin/Boston 2010.

Fuglsang-Petersen, Klaus Peter: Christentum – Wegweiser aus den Wertekrisen, 2. Auflage, Books on Demand, Norderstedt 2017.

Höffe, Ottfried: Kleine Geschichte der Philosophie, 2. Auflage, Beck, München 2008.

Jacoby, Edmund: Philosophen, 9. Auflage, Gerstenberg , Hildesheim 2010.

Poller, Horst: Die Philosophen und ihre Kerngedanken, 8. Auflage, Lau, Reinbek 2014.

Russel, Bertram: Philosophie des Abendlandes, 10. Auflage, Piper, München 2016.

Scholl, Norbert: Glauben im Zweifel, Wissenschaftliche Buchgesellschaft, Darmstadt 2016.

Stein, Ekkehart: Ein Weg zu Gott für Freidenker, Die blaue Eule, Essen 2013.

Weischedel, Wilhelm: Die philosophische Hintertreppe, Wissenschaftliche Buchgesellschaft, Darmstadt 2017.

Bildnachweis:

Cover:
https://thumb7.shutterstock.com/display
_pic_with_logo/1543640/376404514/sto
ck-photo-plato-ancient-greek-
philosopher-376404514.jpg

Seite 13:
https://thumb10.shutterstock.com/displa
y_pic_with_logo/81669/81669,12426341
27,3/stock-photo-vienna-philosopher-
statue-for-the-parliament-xenophanes-
30433771.jpg

Seite 29:
https://thumb1.shutterstock.com/display
_pic_with_logo/4261198/737938360/sto
ck-photo-prague-czech-republic-statue-
of-augustine-of-hippo-an-
outdoorsculpture-on-the-north-side-of-
737938360.jpg

Seite 42:
https://thumb9.shutterstock.com/display
_pic_with_logo/265534/265534,1247672
327,2/stock-photo-giordano-bruno-
nolano-the-free-thinker-33752941.jpg

Seite 88:
https://thumb1.shutterstock.com/display
_pic_with_logo/322252/106648430/stoc
k-photo-statue-of-sir-karl-popper-at-
vienna-university-106648430.jpg

Klaus Peter Fuglsang-Petersen, Dr. jur., geb. am 14. April 1942, Regierungsdirektor i. R., ehemals Lehrbeauftragter an der Verwaltungsfachhochschule Altenholz für die Fächer Staatsrecht, Verwaltungsrecht und Methodenlehre. Veröffentlichungen: u. a. Dissertation zum Widerstandsrecht, Grundriss des Schulrechts in Schleswig-Holstein, Christentum – Wegweiser aus den Wertekrisen. Ein Arbeitsschwerpunkt des Autors ist der Einfluss des Christentums auf die Entstehung unseres Rechts.